U0805050

爱我中华

Ai Wo Zhong Hua

红色探险之旅

感动中国的**小英雄**

赵菲 著

陆旻 绘

中国中福会出版社

目　录

引　子

每月一次的主题班会可是申申最喜欢的活动了，因为每次主题班会，申申他们班级总会有新奇的事情发生。比如——

这天，班主任陈老师又像往常一样，神秘地跟大家说："这次班会，我们都来做个小电影演员吧！每个同学都来扮演一个百年中国历史中的小英雄，要表现出小英雄们最勇敢的样子，也可以邀请小伙伴们和爸爸妈妈们一起来表演！"

什么什么？扮演英雄？这可是申申最爱做的事情了。他心目中的英雄可太多了，奥特曼、铠甲勇士、美国队长……这些玩具形象家里多得数不清。可是，陈老师这次要求大家扮演的却是中国历史上的小英雄，百年中国……历史……小英雄，这有点难倒申申了。不过陈老师说了，可以请求外援……

想着想着，申申就趴在自己的书桌上睡着了，桌上那本他最爱读的书本被风吹了起来，纸页一张张划过申申的脸颊。申申揉了揉眼睛，突然一辆带着翅膀的奇怪校车出现在他眼前，他看见了校车顶端的几个字——魔力探险校车，这时从校车里还飘来一阵声音："小朋友，这辆魔力探险校车可以载着你驶过时光隧道，带你到任何一个你想去的地方！"

申申毫不犹豫地跳上了校车，他抬头一看，原来他的好朋友贝贝和班上的其他同学也都坐在车上，这辆长了翅膀的校车要带大家到哪里去呢？

❶ “小皮球”的草背包

校车奔驰在霜雪纷飞、茫茫无边的大草原上，同学们冻得瑟瑟发抖，明明是夏季，但这里却寒冷异常。校车仿佛一步一个趔趄地迈着沉重的步子，一不留神，险些跌进沼泽之中，同学们在校车里被颠得东倒西歪，校车不得不停了下来。

校车停靠点：川西北的大草地

这里的环境非常原始，草地和水道交错，没有人烟，连鸟兽都不曾出现。放眼远眺，是一望无垠的青草，但茂草之下，却潜藏着许许多多的泥潭，行走其间，随时都有可能深陷其中。

这是红军长征中一段极为艰苦的路途。饥饿，寒冷，疾病……

一个黑黑瘦瘦的小男孩，背着一个褪了色的挎包，跟在长征队伍最后。这时，他突然四下张望了一下，趁没人发现，连忙朝旁边跑去。

“男孩为什么要离开大部队呢？”申申和贝贝都觉得很奇怪。

只见男孩找到一片草丛茂盛的地方，望了一眼远去的队伍，倏地钻了进去，埋头大把大把地拔野草，塞进身上那只褪色的挎包里。直到把挎包塞得鼓鼓囊囊了，他才停了下来。这时，身后传来一阵焦急地呼喊声：“‘小皮球’，你在哪儿？‘小皮球’……‘小皮球’……”

男孩听了，背靠着草丛，朝大部队的方向喊：“我在，在小便……”跑了几步又停下，又抓了一把野草塞进挎包，嘴里喊着，“我来了，我来了……”

“‘小皮球’，你的眼睛又大了一圈嘛，干粮够吃吗？”一个高个子的军人，待“小皮球”跑回到身边，关切地问道。

“放心吧，队长，上次您省给我的口粮，还有其他战士分给我的，我这包里都要塞不下了呢！”说罢，还笑着拍了拍鼓鼓的挎包，故意把圆溜溜的眼睛眯了起来。

队长将信将疑地摸了摸“小皮球”瘦削的脸：“这草地还不知什么时候才是个头呢，咱们出发时带的那点干粮，吃不了几天了。”队长脸上有着挥之不去的愁容。

“队长，把我的那份分给作战队的大哥们，他们要上前线杀敌，吃饱了才有力气。”

“‘小皮球’，你可是我们宣传队最小的队员，战士们最喜欢看你的表演，你吃不饱穿不暖的话，精彩的节目可就看不到喽！”队长说着把自己的一件薄衫披在“小皮球”的身上。“小皮球”眨了眨眼，眼睛显得特别大，稚气的脸上堆满了笑容。

稍事休息后，“小皮球”所在的小组组长给每位战士重新分配了任务。组长小心翼翼地清点了一下大家的口粮，背在身上。其他几个人，有的扛捆干柴，休息时好点火做饭；有的背着床单，下雨的时候可以当帐篷，晚上睡觉时也有东西盖。

“‘小皮球’，你年纪最小，就背着做饭和烧水用的小铜锅吧。”

“我还能背得更多！”“小皮球”很不服气，“我自己的口粮自己背。”他假装生气地嘟着嘴上路了。

这片荒无人烟、无边无际的沼泽，刚刚还是大晴天，瞬间就阴云密布，狂风暴雨。部队走得很慢。

“小皮球”在行进的队伍里，跑到前又跑到后，他脸上看不到行军的疲惫和饥饿的苦楚，只有灿烂的笑容，他一会儿跑，一会儿跳，不时给大家讲几个笑话。

“真像一只不知疲倦的小皮球啊。”战士们称赞道。

部队在密集的雨雾中，看不清脚下的路，只能暂时休整。这可是“小皮球”所在的宣传队大显身手的时刻了。

“小皮球”第一个上场，他的脸上沾满了雨水，随手一擦就花里胡哨的，像一个小老虎，他声情并茂地唱起：“川康青边大草原，千里茫茫无人烟。风霜雨雪日夜下，沼泽泥泞漫无边。天上没有鸟儿过，地上不见虫儿现。红军今天由此过，山水草木一片欢。”

“小皮球”一会儿扮小鸟飞不动，一会儿装马儿陷泥里，动作十分滑稽，战士们都开怀大笑了起来。

战士们围拢在一起。

“‘小皮球’，你还有什么拿手好戏啊？”

“有，多得是，走出草地后我有更好的节目等着呢，所以你们一定要坚持走出草地啊。”

“‘小皮球’，你家是哪儿的啊？想家吗？”

“我‘小皮球’的家人就是红军战士啊，有你们的地方就是‘小皮球’的家！”

“‘小皮球’可真能演！”申申对贝贝说。

“可不是吗，你看他简直把我都逗乐了！”贝贝也深有同感。

一连几天，草原上都下着大雨，前几日正午时毒辣辣的日头一直躲着不肯出来。这天天色已暗，竟下起了冰雹。

“今晚就在这里过夜，大家找一片干一点的地方打盹吧！”队长吩咐道，“但是千万小心不要掉到沼泽里去。”

大家开始分头找睡觉的地方，睡觉可是草地艰难行军中大家最期待的时刻了。可刚下完雨，铺满冰粒的草地上到处是水涡，大家一边小心翼翼地翻开草丛勘查，一边打趣说："今晚我们可要准备睡水床喽！"

这时，组长喊道："小水沟旁长着一丛水草，看上去很结实。"

大家纷纷从四处赶来，七手八脚地把水草压倒，支起床单，就像盖起了一座小房子。

"小皮球"调皮地说："今儿晚上，咱们住上小洋楼了！"虽然支起的床单既遮不住风雨，也挡不住寒冷，但大家听了还是忍不住哈哈大笑。

夜里，当大家睡得正香的时候，一阵狂风把宣传队的"帐篷"刮跑了。队员们从睡梦中惊醒。

草原上的夜色特别深沉，什么也看不见，四周又都密布着藏在水草下面的泥潭，找"帐篷"何等艰难。这时候，"小皮球"站起来："我去找！"他的大眼瞪得溜圆，小拳头握得紧紧的。

队长拍了拍他的肩，安慰道："别着急，这么黑，不好找，等天亮再说吧。说不定就在附近呢。"其他队员也都上前拉住他。

战士们只好互相背靠着背，蹲下来取暖。白天行军实在累极了，不一会儿就都睡着了。那天晚上，“小皮球”他们在雨雪中成了“落汤鸡”。第二天，那条床单也没能找到，“小皮球”闷闷不乐了好久。

眼见着出发时带的干粮所剩无几了，这草地却还是望不到尽头，“小皮球”的眼窝愈加深陷了下去，鼓鼓的行军包显得异常扎眼。

一天，宣传队员们开动脑筋，四处去寻找能吃的野菜。“小皮球”的小铜锅正好派上用场。支起来，把水烧开。背粮的组长打开小口袋，一粒一粒地把青稞和荞麦放进锅里。其他几个人也把找来的野菜洗干净，撕成几片放进锅里。

然后，几个人围着小铜锅，你一言我一语，兴高采烈地说起来。

一个队员说：“同志们，流水大宴第一道菜，是我队资深厨师煮的青稞荞麦炖肉！你们闻闻，喷香！”说着把鼻子凑到小铜锅上，闭上眼睛，一副香得不得了的样子。另一个队员一推他，说："才不是！这是蓬蒿煮青稞！我最爱吃蓬蒿了！"

组长哈哈大笑说："你们说的都不对，咱们吃的是八宝粥，草原上的宝贝都被我们一齐煮了！"

这时，"草原八宝粥"煮好了，"小皮球"端着茶缸子，上面连一片野菜都没有，一边吃一边说："对！咱们吃的是八宝粥！"虽然这"八宝粥"又硬又苦，但他狼吞虎咽的，吃得特别香。其他战士也被他感染了，都大口大口地吃起来。

一个高个子红军心疼了，他把“小皮球”拉到一边，从口袋里掏出一把炒米，送到“小皮球”手里，悄悄地说：“小兄弟！拿着吧！”

“小皮球”捧着炒米，眼睛湿润了。要知道，在荒无人烟的草地里，一粒米都是宝贵的，何况是一把米，都可以救下一条命了！

“给了我，你吃什么呢？”“小皮球”盯着高个子红军的脸，不放心地说。

高个子红军摆摆手，说：“我还能撑几天，你吃吧！”

“小皮球”抬头看了他一会儿，把手举得高高的，说：“我不饿！你自己留着吧。你有了力气，好打那些反动派！”

高个子红军欣慰地笑了笑，拍了拍他的肩，转身走了。

“小皮球”发了一会儿愣，鼻子一酸，捧着这把比金子还珍贵的炒米，转身打算交给队长。

此时，队长正对着“小皮球”那个咧开嘴的小挎包发呆，一包野草滚了出来。队长手上还拿着一

封作战部队发来的快报,“感谢”两个大字跳了出来。

“‘小皮球’,我们都被你骗了呀!你的干粮都在一路跑前跑后的时候,分给了其他战士,我竟然没看出你越来越瘦了!”

“队长,我……人小吃不了那么多干粮。他们比我更需要粮食!”他由于饥饿而深陷的眼睛,忽闪忽闪地眨着。

说完,他甩开大步跟着队伍继续行走在无边的原野里。“小皮球”的名字叫侯登襄。

原来,“小皮球”的背包里,装的根本不是干粮啊！同学们看到这里，都恍然大悟。

“‘小皮球’是小英雄！我就来演这个故事里的‘小皮球’吧！”申申自告奋勇地说道。

“不行不行，我要演‘小皮球’！”

“我演我演！”

同学们一下子炸开了，大家互不相让，都想演这个角色。

“瞧瞧你们，这么点事还要争，一点都没有学到‘小皮球’的谦让呢！”贝贝说道，“咱们先别急，还有很多小英雄的故事呢！咱们让校车再开起来吧！”

话音刚落，魔力探险校车仿佛听懂了贝贝的话，忽忽悠悠地飘起来，开往下一站。

通关答题

1. “小皮球”的书包里到底装了什么？
2. “小皮球”在长征队伍里发挥了什么作用？

时光机：

1. 长征

“长征”是一个有着特定含义的专有名词，它是指中国工农红军第一方面军（又称中央红军）、第二方面军、第四方面军、第25军于1934年秋至1936年10月间先后进行的大规模战略转移。其中红一方面军行程为二万五千里，因此长征又常被称作二万五千里长征。长征胜利表明，中国共产党和工农红军是一股不可战胜的力量。长征是中国革命无比艰险的一个缩影，红军在两年间辗转万里所锤炼熔铸的伟大长征精神，直至今天仍是中华民族实现伟大复兴中国梦的力量源泉。

2. 红军过草地

如今众所周知的红军长征过草地，主要是指1935年8月，中共中央和红四方面军指挥部率领的右路军进入草地。右路军由毛泽东、周恩来、徐向前等率领，8月21日自四川毛儿盖出发，进入草地。经过数日艰苦努力，到达草地尽头的班佑地区。红军过草地时在行、食、御寒、住宿等方面的艰难，是后人难以感受到的。据统计,红一方面军 1935 年过草地约牺牲6000 人,红二方面军 1936 年过草地约牺牲 3000 人,红四方面军共三次过草地,牺牲最大,估计要上万人。

❷ 闪闪的红星

原著:李心田

远处的山村里,依稀可以看到一位红军战士亲昵地抚摸着一个男孩子的小脑袋,仿佛在嘱托着什么……魔力探险校车悄悄地停在一侧,申申和同学们不忍心打扰这父子俩分别的时刻,只见爸爸把一颗红五星交给了小男孩,小男孩郑重地把红五星珍藏起来……

校车停靠点:江西柳溪

这个小男孩叫潘冬子。冬子5岁那年,听大人们说,闹革命了。冬子爹也闹革命了。冬子爹闹革命,是修竹哥指引的。冬子爹还当上了赤卫队长。闹革命是什么意思呢?冬子还不大明白。

之前闹革命的时候受了伤,冬子爹回家养了一些日子的伤,现在又要出发闹革命去了。他把冬子抱在怀里,亲了下他的腮帮:“冬子,爹被编到红军主力里去了,跟随红军一起去打‘白狗子’。”

冬子搂着爹的脖子:“爹,你去打‘白狗子’吧,多多打‘白狗子’!”

冬子爹笑笑,又亲亲他,把他放下,接着从桌上拿过一本书放在冬子手里:“冬子,这是我从学校里给你要来的。”

冬子看见封面上有颗红五星,还有一把斧头和一把镰刀,他指着上面的字问:“这念什么?”冬子爹说:“再开学的时候,妈妈送你去。上了学,你就会懂得了。”

“冬子,我再给你一颗红五星。”

“给我这个做什么呀?”

“想我的时候就看看红五星，就像看见我一样。”

没过多久，大地主胡汉三就带着人大摇大摆地回来了。胡汉三回来后，柳溪就变样了。赤卫队没有了，乡工农民主政府没有了，红军临走时在墙上写的标语，胡汉三也叫人把它涂掉了，写上了另外一些字。

为防万一，妈妈带着冬子在后面院子的墙脚下挖洞，那是通向一个大山沟的洞，一有动静，冬子

和妈妈就能爬出去。洞挖好后,外面用一丛毛竹挡着。

果然,在一个深夜,胡汉三带着“白狗子”找上门来了。“冬子,快从我们挖的院墙的洞里钻出去。”妈妈随手把自己的一件夹袄塞给了冬子,自己却没能逃出来,被胡汉三害死了。

“冬子的妈妈不在了,他可怎么活呀?”申申担心地说。

“是啊,太可怜了!”贝贝也觉得,没有了妈妈,实在是没法过日子了。

冬子逃到宋伯伯家,他让冬子叫他“大爹”。他向邻居说,冬子是一个过路的穷人送给他的,他收作了儿子。一个个春天过去了,冬子在宋大爹这里整整过了6个春天,已经11岁了。一天,冬子又叫大爹带他到老山去找游击队,替妈妈报仇,大爹不肯,于是冬子拿了条绳子和扁担,就直奔老山去了。

冤家路窄,冬子在山路上遇见了胡汉三,冬子两手紧握肩上的扁担。

胡汉三也注意地看了冬子两眼,问:“喂,小孩,你叫什么?”

冬子没理他,转身就往山下走。“喂,站住,别走!”冬子听他一喊,撒腿就往山下跑,正碰上宋大爹。大爹背了冬子奔到家里,让冬子从后院翻到刘三妈家。胡汉三很快就追来了,可他没找到冬子。

宋大爹的家不能再待了,冬子到城里一个沈老板开的米店去做学徒。这年的春天,穷人的日子可真不好过啊!去年天旱,稻子歉收,乡下的穷人愁着没有米下锅,城里的穷人愁着没钱买米。可是沈老板的米仓里却堆得满满的。

这天,大土豪胡汉三竟然也成了沈老板的座上宾。沈老板准备了一大桌子菜来招待胡汉三,还指派冬子端菜。冬子端上菜时,见着胡汉三,就想起妈妈牺牲的画面,想着想着,一不留神,把汤泼到了桌上,几乎溅到胡汉三的衣服上。

“这个胡汉三,真是阴魂不散!”申申说。同学们都替冬子着急起来:“冤家路窄!冬子可要小心啊!”

只见胡汉三装着笑脸说:“没关系。你姓什么?”

冬子知道这家伙阴险狡诈,不想让他听出口音来,小声地说:“姓郭。”

“你叫什么名字?”胡汉三瞪着红眼,一只手往冬子肩上一按,用力地抓住他。

“郭震山。”冬子镇定地回答。

“你姓郭吗?你是哪里人?”胡汉三刚才那假装的笑容没有了。

“城外郭河人。”

“你不是本地人吧!”胡汉三别有用意地说。

冬子没再搭话,他挣脱胡汉三的手,向沈老板说:“他喝醉了。”逃出屋外。

夜里,冬子把火柴装在衣袋里,从柴堆上抱起一抱茅柴,蹑手蹑脚地到了西屋门前。屋里的灯已经熄灭了。冬子推推门,门是虚掩着的。他轻轻把门推开,走到屋里,把茅柴轻轻放到了胡汉三睡的床底下。胡汉三睡得死沉,冬子暗暗骂着:“这回把你烧成灰!”

“哈哈! 让胡汉三也尝尝被人欺负的滋味!”申申拍手称快。

“可是放火是不对的!”贝贝却不太同意。

同学们你一言,我一语,最后大家同意,那是战争年代的事情,和今天和平时期不太一样。

冬子的火并没有烧死胡汉三,但他却必须再次离开。逃跑的路上,他累得昏倒在河滩上。

等冬子迷迷糊糊睁开眼时,他只见一位五十多岁的大爷扶着自己,边上还有位大娘和一个小女孩。

“这是双岔河。”大爷说,“我路过这里,见你还

有气，就在这里守了你老半天了。”“谢谢您。”冬子摸摸衣角，幸好爹留下的那颗红五星，还缝在那里。“我姓姚，你往后就管我老太婆叫大姨，管我叫姨父。”

冬子十分感激姚大爷，便认下了这位“姨父”，在姨父家住了下来。后来，冬子还知道了，姨父的儿子海泉大哥也是红军，也是北上抗日打鬼子的英雄。

到了这年秋天，听城里来的人说，日本鬼子投降了，抗日胜利了。冬子对姨父说：“我爹和海泉大哥，还有红军就要回来了，日本鬼子投降，他们一定会回来了。”

冬子带上妈妈的夹袄和爹给的红五星，和姨父分了手，向着西边有铁路的地方走去。冬子一边走一边听到一些振奋人心的消息，解放军在长江边和国民党军打仗，解放了很多很多地方。长江边？冬子觉得到那里就能找到解放军。

冬子终于走到了长江边。浩浩荡荡的江水，汹涌澎湃地奔流着。在家乡，冬子也曾见过一些江河，但像这样的大江，他从来没见过。

"你是干什么的？"一个同志拦住了冬子问。"我是从江西来的，来找解放军的，我爹是红军，1934年去长征的。"教导员走了过来，这时冬子也才仔细地看他们，只见他们军帽上都闪着颗红五星！

在营部，冬子见到了师长，他告诉师长自己家住江西柳溪，是来找父亲的。师长问道："家里还有什么人？"

"我妈妈牺牲了……"说到这里，冬子的喉头有点哽咽，他把妈妈的夹袄打开，从衣边里取出那颗红五星来，说，"这是我爹长征时留给我的红五星。"师长接过红五星，细细翻看说："是我们那时候的红五星啊！你是我们革命的后代，你父亲的消息，我来帮你打听。”

从此，冬子成了一个真正的革命战士，跟着部队打过了长江。

在纷飞的战火当中，他在党旗下举起了右拳。冬子相信，跟着红五星，他再也不怕胡汉三了，万一再次遇到这些坏蛋，他一定能狠狠反击。

看到这里，申申和同学们都鼓起掌来：“太好了！潘冬子终于找到大部队了！”

"对！有了大部队，他再也不用东躲西藏了！"

和上回一样，同学们又都想演潘冬子了，特别是申申，他想起来家里还有一顶小军帽，连道具都是现成的！

魔力探险校车这次并没有等待同学们争执结束，就飞快地开往下一站。

通关答题

1. 妈妈帮潘冬子把红五星藏在了什么地方？

2. 冬子最后在哪里找到了解放军？

时光机：

1. 红色五角星

《闪闪的红星》中最重要的物件就是潘冬子父亲送给他的红五星，红色五角星通常是共产主义和社会主义的象征性标志。在我国，红五星由红军扩展，逐渐成为中国共产党的象征。红色五角星的起源最早可追溯到俄国内战，设计者不明。最普遍的说法是当时俄国军官为了区分莫斯科的驻军和从德国和奥地利前线回到俄国的士兵，就要每一个驻军的士兵在帽子上戴上一颗五角星。后来这些部队加入了苏联红军，于是就把五角星涂上了代表社会主义的红色，这就是红色五角星的起源。

2. 革命根据地

指在革命战争中据以长期进行武装斗争的地方。特指中国共产党及其领导的军队在第二次国内革命战争、抗日战争和解放战争时期所建立的根据地。1927 年 10 月，毛泽东率领经“三湾改编”后的秋收起义部队到达井冈山，先后在宁冈、永新、茶陵、遂川等县恢复和建立了党组织，发展武装力量，开展游击战争，领导农民打土豪分田地，走出了以农村包围城市的正确革命道路，建立了中国最早的革命根据地。

❸ 鸡毛信里的中国心

原著:管　桦

晋察冀边区的北部,有一条还乡河,河里长着很多芦苇。还乡河边有个小村庄,芦花开的时候,远远望去,黄黄绿绿的芦苇上就像盖了一层厚厚的白雪。风一吹,鹅毛般的苇絮飞起来,把几十座小屋都罩在柔软的芦花里。因此,这村就叫芦花村。

“好美啊! 我们就在这里停一会儿吧!”贝贝被这幅美景迷住了。申申和同学都表示同意。

校车停靠点:晋察冀边区的北部

12 岁的雨来就生活在这里。

这天一早,雨来看着爸爸乔装打扮一番,扛着枪走了,妈妈去了东庄姥姥家,家里就剩雨来一个人。

过了晌午,雨来就趴在炕上念识字课本,他用小树枝在土炕上划着一行字:我是中国人。这是他在夜校学来的。读书可不是雨来最爱的事,雨来最爱的是和铁头、三钻儿,还有和许多小伙伴一起,在河里钻上钻下,藏猫猫、狗刨、立浮、仰浮,雨来仰浮的本领最高。

雨来看着书,思绪却飞到了河边。还没等他把课本上最后一行字看完,街上一阵剧烈的奔跑声咚咚作响。不一会儿,家里的窗户纸哗啦哗啦地响起来。

雨来一骨碌下了炕,把书塞在怀里就往外跑。刚要迈门槛,雨来就撞在来人的怀里。雨来抬头惊呼:“李大叔!”

还没等李大叔说话,日本鬼子“呜哩哇啦”的叫声就传了进来。李大叔镇定地冲雨来做了个手势,转身就搬开墙角的缸。缸下面竟然是一个望不见底的地道，李大叔嗖地跳了进去。

雨来心领神会地把缸移到原来的位置，撒腿就往后院跑，鬼子在后面大声叫道："站住！往哪儿跑？"只听见子弹在他头上嗖嗖地飞。可是后院没有门，雨来急出一身冷汗，抱着靠墙的桃树就往上爬。

鬼子很快就追到了树底下，伸手抓住雨来的脚，往下一拉，雨来就摔在地上。鬼子把他捆绑起来，在院子里一通乱搜，连枕头都给刺刀挑破了。

扁鼻子军官挤出一脸狞笑，掏出一把雪白的糖块，往雨来手里一塞，说："吃！你吃！你得说出来，他在什么地方？"雨来没有接他的糖，也没有回答他。

扁鼻子军官面带愠色，却还是用手拍着雨来的肩膀，说："我最喜欢小孩。那个人，你看见没有？"雨来摇摇头，说："我在屋里，什么也没看见。"

这下，扁鼻子军官可火了，伸手揪住雨来的耳朵就要打。

太阳已经落下去。蓝蓝的天上飘着的浮云像一块一块红绸子，映在还乡河上，像开了一大朵一大朵鸡冠花。砰砰砰——河沿上几声枪响，芦花村的人知道出事了。

芦花村的孩子们——雨来的好朋友铁头和三钻儿几个人，也听到了枪声，都“呜呜”地哭了起来。李大叔跑到街上，听说雨来被鬼子打死在河里了，眼泪唰地就流下来了，拼命往河边跑。

“李大叔，你哭啥？”雨来从水里冒出头来。“雨来，你没被鬼子打死？”

“嘿嘿，我这游泳本领可不是吹的。鬼子朝水里开枪的时候，我早就从水底游远了。”

“妈呀！吓死我了！”贝贝拍着胸口说。

“就你胆子小！”申申尽管嘴上嘲笑贝贝，其实自己早就被吓出一身冷汗。

不久，鬼子又要来扫荡了。

村里的民兵准备去埋地雷，雨来和他的小伙伴们跟在民兵的屁股后面，一边跑一边喊：“我们也要去埋‘地雷’！”

雨来他们拿着纸条和粉笔，从村东头路口开始，在大路上“埋地雷”。他们在纸条上写着各种各样的句子：“喂！小心地雷！”“请日本皇军吃点心！”“请皇军坐飞机！”

雨来摸摸后脑勺，双手叉腰，岔开两腿，寻思了一会儿，说：“把课本上的一句话写在这里吧！”他摆出架势，弯腰拿粉笔在坚硬的土地上，歪歪斜斜写了几个大字：“这儿是中国的土地！我们爱自己的祖国！”

埋好“地雷”，雨来和小伙伴们偷偷溜回村里，查探动静。突然，雨来向墙外喊：“快跑！快跑！村里有敌人！”铁头、三钻儿他们反身跳进苇塘里，只有雨来落在敌人手里了。

特务押着雨来往鬼子的驻地走，雨来满脑子想着逃跑的办法。雨来一会儿朝地里走，一会儿又跑到大路上，弯弯拐拐。

突然，雨来故意扯开嗓子喊了一声："小心地雷呀！"

一个鬼子正好踩到一处松软的泥土，以为踏着地雷了，吓得赶紧趴在地上，旁边几个鬼子也连忙跟着趴在地上，"叽哩哇啦"地乱叫。

转来转去，终于要到真的地雷区了。这时候，雨来回头向鬼子指挥官说："前面，地雷的，没有啦！"然后故意一脚踏空，"哎呀"叫了一声，顺着河堤滚到河里去了。他在水里扑腾着，故意从水里伸出脑袋喊道："救——命——啊——"可是鬼子没理他。

雨来假装被波浪打进水里，接着，仿佛被涌起的波浪推上水面似的，又露了一下小脑袋，就沉进河底不见了。

没过多长时间，两百多个中计的鬼子，死的死，伤的伤，还有不少做了俘虏。

“哇噻！雨来可真厉害！”同学们异口同声地说。

过了一阵，一队日本兵来到了芦花村，他们在村里住下就不走了。雨来家里也住上了鬼子，鬼子住在雨来家的东屋，雨来和妈妈住在西屋。

这天半夜，一个身受重伤的八路军战士倒在了雨来家西屋的炕边。

雨来娘点亮了一根蜡烛，战士脸色煞白煞白的，浑身都是冰水、血和泥土。雨来借光看了一眼叔叔：“你是酒窝叔叔？我前几天见过你。”

“娘，这位叔叔我见过，他告诉我有一次打仗的时候，敌人的子弹从他腮帮子上穿了过去，伤口愈合以后，脸上就留下了两个‘酒窝’。”雨来又转过身对妈妈说。

雨来和妈妈小心谨慎地照顾“酒窝战士”，他在雨来和妈妈的精心照料下，身体恢复得很快，没几天就要去找部队了。

这天夜里，雨来把脑袋探出墙头向外张望，只见围着芦花村烧着一堆一堆的野火，每堆火的旁边，都

有几个人影在晃动。这是敌人怕有人从村子里跑出去，所以把村子围了个密不透风。要出村谈何容易！

正在大家一筹莫展的时候，雨来敲开了三钻儿家的窗户。

“嘿，三钻儿……”雨来趴在三钻儿的耳朵边轻声嘀咕了半天。

天还没亮，雨来和三钻儿就来到地主于大肚的羊圈里，打打这只羊的屁股，踹踹那只羊的脚，费了好大的劲，才把羊群赶出了羊圈。

当雨来把羊群赶出后门外的时候，受伤的八路军战士正拄着一根木棍等在那里。雨来娘拿出雨来爹的羊皮袄，把它翻了过来，露出毛茸茸的白毛来，又轻轻给战士穿上，说："同志，一路小心！""酒窝战士"点点头，走进羊群猫了起来。

雨来赶着羊群到了村外。这时候，天空泛起了鱼肚白。

村头上一堆堆的火，快要熄灭了。雨来赶着羊群，来到村头。火堆边上的鬼子背靠背，耷拉着脑袋睡着了。

当羊群从火堆旁边经过时，被火星惊着了，雨来用鞭子使劲抽了两下，几只羊咩咩地叫起来。

鬼子被惊醒了。雨来用鞭子指了指羊，对着睡眼惺忪的鬼子说："这是于团总的羊，城里大大的太君！"鬼子恶狠狠地叫道："什么的团总，回去！"

火堆旁边有个满口金牙的翻译官，此时走过来打了雨来一拳，说："给我滚回去！"

雨来假装哭了起来，嘴里嚷着："我说不来，于大奶奶偏要叫我出来放羊！她硬说见了皇军翻译官，一提于团总就可以。"

翻译官转了转眼珠，问道："你说羊是于团总家的，哪儿写着呢？"

"你打听打听，除了于团总家，谁家有这么多羊？"

翻译官跟鬼子兵咕哝了几句日本话，鬼子一挥手，翻译官说道："滚吧！小兔崽子！"

就这样，裹着羊毛袄的"酒窝叔叔"安全地出了村。

"雨来真聪明！"贝贝赞叹道。

"是啊是啊！"申申也附和道，"他可真是智多星啊！"

村里成立了儿童团，立下数功的雨来当之无愧地成了团员。

一天夜里，雨来接到任务，要把一封鸡毛信送出村。他沿着村里的小河一直往西，不走大路走小路，蹚过一条小河，绕过一丛矮树林，突然，听见鞋底嚓

嚓的响声。

雨来赶紧连颠带跑，不一会儿就隐约看见村头的粉墙和墙根那棵大杨树的黑影了。

雨来顾不得一身热汗，加快脚步奔跑起来。突然，听见墙里咔啦一声枪栓响，还有人的吆喝声。

“站住！什么人？再跑我就开枪了！”

“拍着手过来！”

手里握着鸡毛信的雨来愣住了！正在他迟疑的时候，那人又喊道：“再不过来就开枪了！”

雨来只好往前走。走了几步，突然蹲下身子，用非常迅速的动作把信埋在地里。

那人问道:“你猫腰干什么?”

雨来不慌不忙地回答:“我的鞋掉了,提鞋呢!”

“快,拍着手走过来!”

雨来一边很响地拍着巴掌,一边用脚踢了一点土,把信埋上。然后,他就这么拍着手向墙根走去。

到了墙根底下时,那人把枪筒子和脑袋一齐探出了墙头,问:“你是干什么的?”

雨来一听这声音觉得挺熟,就反问了一句:“你是谁呀?”

那人说:“你管我是谁!”

这下,雨来高兴地说:“嘿!你不是咱村的王二哥吗?我给部队送鸡毛信呢!”

于是,两个人顺着雨来的来路,猫着腰找信。可是,大片的黄土地,夜色下完全看不见鸡毛信的踪迹,王二哥一边找信一边不住地安慰雨来,可雨来懊恼又委屈,眼泪都要流出来了。忽然,王二哥手里哗啦一声,又听见他得意的声音:“你看看,这是什么?”

雨来伸着小脖儿瞪眼一瞧:“你真是我的好哥哥!”他一把抢过从土里刨出的鸡毛信,黑暗里挤掉两颗泪珠,咧嘴笑了。

鸡毛信里的情报十分重要,正是因为雨来送情报及时,游击队连夜部署了作战计划,第二天在芦花村伏击进村扫荡的敌人,大获全胜!伪军和鬼子的气焰受到打压,雨来心里别提有多高兴啦。后来,雨来还参加了袭击敌人碉堡的战役。在百团大战中,儿童团帮助八路军割草喂马,为前线送干粮,破坏日军的交通干线近百次,英雄的故事说也说不完。

机智的雨来一下子成了同学们争抢的角色,大家互不相让,都想自己来演雨来。可不是嘛,谁不希望自己是聪明勇敢的小英雄呀?

这时候贝贝站了出来:“我听说魔力探险校车还去过更远的地方,你们难道不想去看看吗?”

“想啊想啊!”同学们安静了下来,跟着校车,去下一个地点。

通关答题

1. 雨来是怎样帮助“酒窝战士”出村找部队的?

2. “鸡毛信”是什么呢?

时光机:

1. 白洋淀

白洋淀(淀为浅湖)是中国河北省最大的湖泊,主体位于河北省保定市安新县境内。抗日战争时期,活动在白洋淀的抗日武装“雁翎队”,在中国共产党的领导下,利用淀区芦荡遍布、沟河交错的有利地形,开展机动灵活的游击战,以弱胜强,痛击日本侵略军,谱写了壮丽的抗战凯歌。2017 年 4 月 1 日,中共中央、国务院印发通知,决定在保定市下辖的雄县、安新县、容城县设立河北雄安新区,而白洋淀则成为新区的焦点。“白洋淀”湖畔将再现春天的故事。

2. 日军大扫荡

日本侵华时期，日本侵略者在八路军敌后抗战活动活跃的华北地区，始终找不到对付八路军敌后游击战的有效方法。八路军游击战的广泛打击，使日军不断遭受损失，这极大地动摇了日军在华北的殖民统治，并牵制了其兵力的调度和使用。为了消灭中国共产党领导下的抗日武装力量，侵华日军、特别是华北方面军，自1939年秋开始，针对中国共产党的抗日根据地进行以杀戮当地居民、对粮秣房舍等物资进行彻底的抢劫、焚烧和破坏为目标的军事行动，并将这一作战方式逐渐系统化、规模化、长期化。在扫荡中，日军实施了所谓的“烬灭作战”。“烬灭作战”，就是烧尽灭绝，也就是通常所说的烧光、杀光、抢光的“三光”政策。

④ 神奇少年拯救美国大兵

校车降落在茂密的丛林中,变成了一块巨大的石头。此刻天空中正发生着一场激战,飞机的呼啸声和枪炮声不绝于耳。“那架飞机的侧翼着火了!”申申指着划过天空的一道红光说。一声巨响过后,周围渐渐安静了下来。“我们去看看发生了什么事。”申申和同学们异口同声地说道。

校车停靠点:香港新界观音山沙田坳

不一会儿，这片处于半山腰的寂静丛林，被一阵急匆匆的脚步声惊扰，一个蓝眼睛高鼻梁、头戴飞行员帽子的外国人一边奔跑，一边用力甩掉身上重重的降落伞包，他的右腿因负伤正在不断地流血。

就在他身后不远，一伙人正“哇哇”大叫着快步追来。

丛林幽暗，没有明显的道路标识，这位外国飞行员不停地环顾四周，他显然不知道该往何处逃生，敌人的追喊声也越来越近了。就在这万分紧急的时候，他的眼前突然出现了一个中国少年。

中国少年谨慎地观察着眼前这个人高马大的外国人，思索了一下，果断地走上前去。外国人疑惑地看着这位中国少年。

因为语言不通，中国少年用坚定的眼神和明确的手势，附带着中文同这位飞行员进行着交流。

“我叫李石，石头的石，”少年用手指了指身边的这块巨石，“我……我正在送信。”接下来这位飞行员比手画脚地讲着，原来这位飞行员是一位美国人，名字叫克尔。

也就是在这短短的两分钟里，中国少年救了眼前这位美国大兵的性命。

李石带着克尔向不易被人发觉的山坳里跑去，终于他们来到山坳中一块底部半悬空的巨石前，李石神色警觉地环顾了一下四周，然后把克尔藏在了这块巨石下面。克尔就这样带着一身的泥土和血渍，靠在巨石上……这个藏身之处看起来可以暂时躲避敌军的追捕。

李石对这一带的地形再熟悉不过了，从附近的小溪边接好一瓶水交给克尔之后，就匆匆离开了。

不一会儿,只见一位二十来岁的姐姐和一位叔叔匆匆赶来,嘴里还在说着什么。

"葵叔,多亏了李石这孩子机灵,把克尔藏在这个隐蔽的石头下面。"

"是的,这个港九大队的小交通员送信的路上,还救了人。"

"他是在打算把情况报告给您的路上,恰好遇见了我,我赶忙找到了您。"

"兆华,现在我们要尽快把美国士兵转移到更安全的地方去,你去准备一些食物,克尔一定饿坏了。"

校车瞬时变成了一只萤火虫,照亮了夜深的丛林,同学们跟着葵叔的人马,保护着克尔来到了另外一个山窝里。

"葵叔,我在这儿。"兆华藏在吊草岩坳的一处丛林背后,压低声音说。

"兆华,接下来的事儿就拜托你了!"

"最危险的地方就是最安全的地方,这一带我熟悉,葵叔放心。"

葵叔点了点头，又握了握兆华的手，很快就转身离开了。

兆华带着克尔在伸手不见五指的树丛中摸索前进。她一边警惕地留意周边的动静，一边仔细地辨认着方向。

校车里的同学们心里一惊。“那是日本人！”“他们都拿着刺刀！”“这里一定是日本人的据点。”日军营地的嘈杂声和狗叫声，在寂静的夜晚显得格外清晰。

兆华谨慎查看了周围的环境，只见树木茂密，杂草丛生，一条山溪顺着山势向下流淌。她让克尔躲藏在一片茂密的草丛中，然后把一篮子干粮塞到了克尔手中，在接过干粮的那一刻，克尔的双手是颤抖的，眼神里写满了感激。

第二天，日军果然早早来到村里，把全村老百姓都赶到一起。

“交出飞行员，皇军有赏，知情不报，格杀勿论！”

他们疯狂地在村里搜查了一整天，但一无

所获。

敌机在山坳上空不停地盘旋，或俯冲或鸟瞰，离山坳不远的海面上更有一艘艘战舰封锁了整个蔚蓝的边界，一个又一个村庄遭受到了日军愈演愈烈的“扫荡”，他们怎么都没想到，要找的人就藏在自己的眼皮底下。

时间就这样一天天地溜走了，克尔一直躲在日军营地背后的山崖草丛中，每天扮成农妇上山割草的兆华，都会送来充饥的食物。

“邓斌、邱胜，你们今晚到黄竹山村找到兆华，想办法尽快把克尔从日本人的营地护送出去。”葵叔始终觉得应该尽早把克尔护送出山坳。

“好的，葵叔放心。”两名执行任务的队员目光坚定。

“记住，一定确保克尔的安全。”

两位游击队队员将克尔从草丛中接出，一路护送他出了山坳，并把他安排到一个废弃的炭窑里，这时候他身边又多了一个叫陈勋的小交通员，十二三岁的脸上甚是英气，一双大眼睛透着聪颖。

陈勋经常穿过敌人的封锁线，总能机智勇敢地应对险情。他每天天没亮就下山，到村民家里寻找一些食物和药品，等到夜幕降临，才摸着黑上山。

克尔反复地问翻译："你们是怎样教育他的，竟使他成为这样神奇的少年？"

翻译说："他和之前救过您的李石一样，是我们抗日游击队的小交通员，从小就跟在我们大人身边见识过刀枪火海啊。"

克尔感慨地说："在美国，这个年龄的孩子还都在保护伞下上学呢！"

"别看这些孩子年龄小，在传递情报中可起着大作用呢！我们跟日本人斗争，少不了他们呢！"

陈勋很喜欢跟克尔交流，还学会了一些英语，渐渐地能与克尔进行简单的日常交流。

一天，陈勋晚上从山下回来，神秘地从口袋里掏出一个小纸包，递给了翻译。翻译打开一看，里面竟然是几颗糖和芝麻饼。

"你这孩子，这些稀罕东西是哪儿来的？"

“这是我拿生活费买的。我……我想送给克尔中尉，希望他能快点儿好起来。”

“生活费？就是一个月才领一次、最近还经常欠发的五角钱生活费吗？”

“嗯，我全部都省下来买这份礼物了……请您一定要帮我讲清楚，我希望克尔早点回到战场，打败日本鬼子！”

“孩子，谢谢你的好意，这份礼物太珍贵了！我要原封不动地带回去给我的朋友和家人看一看，这是中国少年的金子般的心！”克尔收到礼物，激动地

说，“同时请你相信我，你的祖国一定能够胜利的！”

分别的日子还是来了，克尔告别了陈勋和破炭窑，在东江纵队休养几天后，回到桂林与自己的战友会合了。过了一段时间，克尔给东江纵队寄来了一封信：

“我带着日益增长的惊异来看待你们这一庞大组织的力量、认真、经历和勇敢……中国抗战已经取得了全世界的敬仰，而我们美国人也以能与你们如兄弟般作战而自豪！”

信中还夹带着克尔自己画的五幅讲述自己脱险经历的漫画。

克尔说：“为了抢救我，你们一定动员了许多我看不到的力量，我要和你们做永远的朋友，永远永远。”

贝贝说：“我听说，克尔的后人实现了克尔的诺言，经过一番努力之后，他的儿子来到这片挽救父亲生命的土地，重游了父亲当年逃生的路线，还找到了李石。他把一枚闪闪发光的美国国旗别针庄严地戴在早已白发苍苍的李石的胸前，并把父亲临终留下的珍藏数十年的飞虎队徽章放在了李石的掌心，还向当地捐赠了父亲当年穿过的军服和一些珍贵的照片呢！”同学们听着贝贝的介绍，不由得再次对李石竖起了大拇指。

通关答题

1. 李石救的美国士兵克尔是什么队员?
2. 克尔的后人后来有没有找到李石并感谢他?

时光机:

1. 东江纵队

全称为广东人民抗日游击队东江纵队,是抗日战争时期,中国共产党在广东省东江地区创建和领导的一支人民抗日军队。东江纵队最初起源于1938年成立的多支游击队,这些队伍在1939年4月至5月间被整编为国民革命军第四战区东江游击指挥所下辖的两个大队。1943年12月2日,部队改为广东人民抗日游击队东江纵队,并发表宣言,正式公开东江纵队是由中国共产党领导的军队。抗日战争结束之后,编入中国人民解放军华东野战军的序列。1945年,朱德同志在党的七大军事报告《论解放区战场》中将东江纵队、琼崖纵队与八路军、新四军并称为“中国抗战的中流砥柱”。

2. 飞虎队

全称为“中国空军美国志愿援华航空队”，创始人是美国飞行教官陈纳德，于第二次世界大战中美日开战前夕成立。之所以命名为飞虎队，是因为最初队员中有人提出，在飞机头部画上鲨鱼头，用以吓唬日本人。1941 年 12 月，航空队在昆明上空第一次作战取得胜利。由于中国内地居民从未见过鲨鱼，于是误将这些飞机称作“飞老虎”。昆明出版的一家报纸也用“飞老虎”一词来形容航空队的飞机。航空队里的中国翻译见到后，将这个名字告诉陈纳德，陈纳德觉得不错，队员们也觉得很好，于是将航空队命名为“飞虎队”。飞虎队在中国的不到一年的时间，正是中国空军消耗殆尽、无力抵御外敌的时候，面对几乎向日本侵略者洞开的天空，飞虎队虽无力为中国撑起全方位可靠的防空伞，却以一己之力，在天空中证明了反侵略力量的存在。

❺ 羊群的秘密

原著:华　山

“那是谁,怎么独自一人在山上?”申申在魔力险探校车上,看见远处的山坡上有一个放羊的男孩子。奇怪的是,他不看着羊群,反而时不时向山坡的另一边张望,表情认真而严肃,仿佛在执行什么重要任务……申申和同学们决定去看个究竟。

校车停靠点:龙门村

海娃14岁那年，当上了龙门村的儿童团长。他从8岁就给地主老财放羊，风里雨里，辛辛苦苦放了6年了。儿童团长海娃每天到龙门山上一边放羊，一边放哨。

申申说：“我知道！山顶上立着‘消息树’，海娃就在这棵树旁边放羊。鬼子来了，就把这树放倒，‘消息树’倒下了，村里人就知道是鬼子来了。”

这一天，海娃又赶着地主家的羊群来到“消息树”下，几十只羊都散开吃草去了。海娃一个人没有玩伴，就扔下红缨枪，两只手一撑地面，两条腿就竖了起来。两只手撑着地走路，海娃乐得笑出声来。忽然，一颗手榴弹从海娃怀里掉在了地上。这可了不得，这是海娃临出村时，村长给他的，村长说：“鬼子又要来扫荡了，你在山上就是咱村的眼睛，给你颗手榴弹，别让汉奸把你逮住！”

想起村长的嘱托，海娃赶紧把腿放了下来，重新拿起红缨枪，站在“消息树”边，两眼望着龙门山西边的平川。海娃一眼就能看见鬼子的炮楼，那炮楼像长在平川上的黑疙瘩。

太阳当头照着，四处静悄悄的。海娃望啊，望啊，忽然平川上那个黑疙瘩里爬出一长溜黑点子。海娃揉了揉眼睛，清楚地看到，那黑点子像无数蚂蚁，朝龙门山爬来了。不好，鬼子又出动了。

海娃赶紧把“消息树”拉倒。龙门村里响起了警报声，人们背着粮食、包袱，赶着牛羊，急忙往山沟里跑。民兵们也集合了，都拿着武器上了山。

海娃只听有人爬上山来，这条路很少有人走的，莫非是汉奸？海娃使劲甩了一下羊鞭，几十只羊很快都钻进了草丛，海娃也急忙藏到了酸枣丛的一块大石头后面。他的手已经放在了手榴弹的盖子上。

那人爬到山顶就喊起来：“海娃！海娃！”

海娃一听，赶紧从大石头后面跳了出来：“爸爸，你怎么上来了？”

爸爸一边有点着急地说：“鬼子快来了，你马上把这封信送到三王村，交给张村长，一定要小心！”一边从怀里掏出一封信，信角上插着三根鸡毛。海娃知道，这是一封非常重要的鸡毛信，一定有紧急的事。

海娃接过信，说："知道了，我马上就去！"说完，海娃把手含到嘴里，吹了一声口哨，只见几十只羊从草丛里向海娃奔跑过来。

"爸爸，把我的羊群赶回去！"海娃把羊鞭递给爸爸要走。

"你赶着羊走吧！要是碰见鬼子，就说你是平川的放羊娃！"

海娃不止一次送过鸡毛信，可是赶着羊？他说："赶着羊送得什么时候送到啊！""明天送到就行。赶快走，鬼子就要上山了。"爸爸拍了一下儿子的小肩膀，还掏出一只红薯塞进海娃的衣服里，说："路上吃吧，一定小心！"

这不是海娃第一次送鸡毛信到三王村，但是却是第一次赶着羊群送鸡毛信。他想快点把信送到，就赶着羊群抄了小路。

转过崖畔就是西山了。海娃远远地看到西山顶上的"消息树"还直挺挺地站着。海娃甩着羊鞭放心地赶着羊，这时候，太阳快落山了。等海娃再抬头看时，西山顶上那棵直立的"消息树"已经不见了。坏了，鬼子来了。

小路不能走了，那就走大路吧。海娃赶着羊群下到沟里，转了两个弯，就到了大川口。走着走着，海娃远远望见川口外边有一队人马过来，海娃眯缝着眼再仔细看了一会儿，发现牲口驮的都是空驮子，这不是来抢粮的鬼子吗？

鬼子越走越近了，海娃也越来越着急。沟两边都是悬崖，显然跑不掉，必然要跟鬼子狭路相逢。身上的鸡毛信怎么办？几十只羊只管往前跑，这只羊的头抵住那只羊的屁股，那只羊的角磨着另一只的肚皮，完全没有大祸降临的感觉。忽然，头羊又肥又大的尾巴，一晃一晃地跳进了海娃的视线。海娃有办法了。

海娃把那只领头的绵羊一把抓住，掀开它的大尾巴，将尾巴根那长长的绒毛搓了两根细长的毛绳，把鸡毛信绑在了羊尾巴下面。那羊从海娃怀里挣开撒腿就跑，跑得越快尾巴就卷得越紧，把鸡毛信严严实实地盖住了。海娃满意一笑，甩起了羊鞭。羊群跑得欢实，差点没把鬼子撞了。

一个歪嘴"黑狗"跑过来，一把把海娃提溜到一个小胡子日本军官跟前。那鬼子挎着东洋刀，对海娃吼道："你的——小八路？"海娃有意歪起脑袋，张大嘴巴，好像在说："你说什么啊？我听不懂！"那个"黑狗"用枪托撞了一下海娃的屁股，说："太君问你是不是八路，快说！"海娃本想骂他一声"黑狗"吐他一脸唾沫，可一想鸡毛信就忍住了，说："我不是八路，是放羊的！"

小胡子日本军官让歪嘴"黑狗"搜海娃身，搜了半天，只搜到烤红薯。歪嘴"黑狗"拿着烤红薯哈着

腰送给了小胡子日本军官。吃完烤红薯，小胡子日本军官说："你的红薯，太君的送礼，开路开路的！"

海娃松了一口气，赶紧赶着羊走了。可是没走多远，几个"黑狗"又追了上来。歪嘴"黑狗"把海娃的羊鞭夺过去，把鞭子一甩，哈哈大笑："多美妙的晚餐啊！"海娃抱住"黑狗"的腿哭着喊道："这可不行，不能杀了我的羊，没了羊我可活不成了！"海娃想到鸡毛信，慢慢地就不哭了，远远地跟在鬼子后面。

忽然，海娃弯起指头，含在嘴里吹了一声口哨，只见几十只羊四散跑开，“黑狗”们抓了这只跑了那只，累得满头大汗。歪嘴“黑狗”跑了过来，恶狠狠地吼道：“快！给老子赶羊去！”海娃假装非常不情愿地，赶上羊群跟着鬼子进山了。

天将黑的时候，到了一个小山村。村里的百姓早跑光了，粮食都藏起来了，鬼子们的晚饭没着落了。只见“黑狗”们跑进羊群，你逮一只，他捉一只，要宰羊吃，海娃心里甭提有多难过了！这些羊是海娃亲手养大的啊！

海娃一眼瞧见，歪嘴“黑狗”正拽着头羊的犄角，怎么拽也拽不动，老绵羊的四条腿像钉在地上一样，歪嘴“黑狗”累得满头汗，别的“黑狗”看了哈哈大笑。不多久，歪嘴“黑狗”狠狠踢了两下头羊捉小羊羔去了，海娃一直悬着的心终于放了下来。

海娃眼睁睁地看着自己的羊被鬼子和“黑狗”宰杀、烧烤，只剩下了三十来只老羯羊，海娃依偎着头羊暗暗落泪。

鬼子们吃饱喝足后，歪嘴“黑狗”担心海娃逃走，把他推到一间大房间的最里边，就睡觉去了。

“鬼子们太坏了！把海娃好不容易养大的羊都吃了！”同学们握紧拳头，愤愤地说。

夜深了，海娃怎么都睡不着。终于，海娃想出了一个逃跑的办法。他轻轻地从死睡的鬼子身上迈了过去，又从打着鼾的“黑狗”身上跳了过去，小心翼翼来到了门口，悄悄地奔到了院子里。突然，一声吆喝：“哪一个？”海娃一点也不惊慌，说：“喂牲口的！”

海娃顺利地跑到羊圈，羊见海娃来了，都咩咩地叫了起来。海娃顾不上这些羊了，赶快从头羊尾巴底下把鸡毛信解下来，揣到口袋里，朝庄后的山梁上跑。

海娃使劲地跑啊跑。等他转过一个山嘴，就听有人“哇啦哇啦”地喊着，只见一个放哨的鬼子摇着小白旗，一会儿举到头上，一会儿摇到两边。过了一会儿，那鬼子不摇小白旗了，海娃看见鬼子举起了枪。海娃灵机一动，迅速地把小白褂脱了下来，使劲朝鬼子摇了起来。还真管事，鬼子把枪放下了，朝海娃摆摆手示意让他走。

海娃赶紧顺着盘山路跑起来，跑得上气不接下气。眼看着就到三王村了，可是海娃往小白褂的口袋里一摸，鸡毛信不翼而飞了，海娃吓得冒出一身汗来！只好顺着来路往回找。

海娃一路找，来到他刚才摇小白褂的地方，那封十万火急的鸡毛信竟安然地躺在地上。海娃拾起鸡毛信，刚把鸡毛信装进口袋，身后就被枪托狠狠揍了一下："你想开溜啊？"海娃转头一看，不是别人，正是歪嘴"黑狗"。"我去找羊了，这不是又回来了！"

歪嘴"黑狗"不由分说地把海娃抓到羊圈跟前，说道："快把羊赶出来，给太君带路！"海娃赶紧跑到羊圈里边，掏出鸡毛信又拴到了头羊的尾巴底下。当海娃赶着羊来到打谷场上后，小胡子日本军官瞪着眼睛命令道："三王村的，带路，快快的！"

海娃赶着羊群，日本兵在他后面，前面走着一群"黑狗"。突然，羊群中那只头羊竟然翘起尾巴拉屎了，眼看着鸡毛信就要露出来了。海娃急忙捡起一块土疙瘩，准准地砸中了头羊的大尾巴，头羊一惊，后腿一蹬，夹着尾巴跑起来。海娃甩了一下羊鞭，羊群使劲跑起来，乐得小胡子日本军官直喊："大大的好，快快的！"

羊群越跑越快，翻过一座山梁，走过了三王峁，前面就是三王村了。三王村山头上的"消息树"还立着，当海娃领着鬼子刚刚下沟，那"消息树"就倒下了。海娃明白，张连长他们已经发现鬼子来了。

只听轰隆一声响，原来走在前边的"黑狗"踩上了地雷。轰隆轰隆，地雷连着爆炸了。黑狗们被地雷炸得东倒西歪，小胡子军官急得催海娃："快快的，开路！"

在海娃面前出现两条路，一条小路和一条羊道。羊道就是羊走的路，更窄更陡，比小路还难走。海娃把羊赶到了羊道上，这时，几个"黑狗"嚷道："怎么走到这儿了，走正道！"海娃大声喊："这条道我走过，比那边近！"说着，甩了几鞭子，羊群继续往前跑。

鬼子和"黑狗"们吃力地往上走，又喊道："上不去啦！"海娃也喊道："上了这个坎就好走了！"

小胡子日本军官好像觉察出什么，也大声喊：

“慢慢的，开路！”海娃头也不回地朝前走，一边走一边甩着羊鞭子。小胡子日本军官见海娃不停步，知道是上了当，就啪啪地开了枪，而海娃跑得更快了。海娃攀上石岩，拨开草丛，一边跑一边朝他之前来过的八路军阵营大声喊：“鬼子来了！快开枪呀！”

鬼子和“黑狗”朝海娃不停地放枪，海娃拼命地朝前跑，一下子跌倒了，实在爬不起来了，这时，只听山上响起了一阵排子枪。海娃一听，高兴了。这是八路军的枪。

同学们的心仿佛都被提到了嗓子眼，急切地想知道海娃是否转危为安。

当海娃努力睁开眼睛时，张连长已经蹲在他身边了。海娃没忍住流出了眼泪。海娃想擦掉眼泪，可是，胳膊疼得抬不起来，只断断续续地说道：“羊……老绵羊……鸡毛信……尾巴下……”

等海娃醒来的时候已经是第二天早上了。海娃发现自己睡在暖炕上，铺着红艳艳的大花绒毯，盖着的也是软绵的毯子，软得让他浑身不自在。再一看，炕沿上堆满了方盒盒、圆罐罐，全是些好吃的。

张连长见海娃醒来，笑着问："好些吗？还疼吗？""张连长，这是哪儿啊？这么多东西是谁的？""是你的呀！""不是我的。"

"你送来的那封信太重要了，根据上面的情报，咱们的队伍和川里的民兵一起端掉了鬼子的老窝。这些东西就是指挥部特地奖赏给送信的小英雄的。"海娃脸红了，说："我不要这些东西，我要一支枪！"张连长指着墙角说："那不是枪吗！这枪可算是鬼子送的咯，哈哈！"海娃一看，果然有不少枪。海娃刚想伸手跟张连长要一支枪，可胳膊疼得抬不起来……

“我要演海娃！”申申仿佛打定了主意，“海娃可是得到了一支枪的奖励呢！”

“好是好，可是你会用吗？”有一位同学有不同的意见，“射击是要专门练习的，我看你啥都打不到噢！”

这倒是有点道理，申申有点犯难：“要不，我再看看……”

通关答题

1. 海娃几岁时当上了儿童团团长？
2. 为什么海娃在山上听到一阵排子枪就高兴了？

时光机：

1. 汉奸

原指出卖汉族利益的败类，后引申为背叛中国投敌的人，不只限于汉族。例如抗日战争时期中国出现了大量为日本人卖命的汉奸伪军。

2. 抗日儿童团

抗日儿童团是广大抗日根据地在抗日战争中成立的儿童组织。它的主要任务是学习、生产，同时也担负着“宣传抗日”“侦察敌情捉汉奸”“站岗放哨送书信”等任务。它的成立不仅给孩子们的生活带来了乐趣和希望，同时也壮大了抗日队伍的力量，为抗战胜利做出了巨大的贡献，培养了一大批优秀的革命接班人。其中，最为活跃和出色的是晋察冀边区的儿童团，他们站岗放哨、捉汉奸、送情报，利用自己年纪小、不被注意的特点，深入敌后，出色地完成任务。晋察冀边区抗日儿童团还开展了“五不运动”：不给敌人带路；不给敌人送信；不吃敌人的糖；不念敌人的书；不告诉敌人藏粮的地方。

❻ 小铁道游击队

原著:刘知侠

一支日军小分队又来扫荡,恰好与铁道游击队的刘洪大队长和他的部下小坡狭路相逢,鬼子又一次被炸得哭爹喊娘。铁道游击队让日本鬼子恨得牙痒痒,却又无可奈何。

“是啊,我知道,他们虽然不开飞机,但他们让日本鬼子闻风丧胆,也被大家称为‘飞虎队’,让我们去见识见识他们的本领吧!”申申热情地向同学们介绍,随后,魔力探险校车停了下来。

校车停靠点:山东临城微山湖畔

同学们跟着铁道游击队的大队长刘洪和他的部下小坡趁着夜色出了庄，来到一片禾田里。只见刘洪坐在土坎子上，默默地抽起了烟。

“大队长，怎么啦？有心事啊？”

“我是在想那几个孩子。他们要是碰上鬼子，真叫人担心！”

“叫他们见识一下鬼子也好，知道了厉害，看他们还敢来胡缠！”小坡知道刘洪说的“那几个孩子”是生活在铁道线附近的村民和铁路工人家的孩子，小张、小朱和小银。他们一天到晚缠着大队长，要加入游击队，一块儿打鬼子。

“这怎么行！都是好孩子啊。千万不能让他们有什么闪失。”

第二天，三个孩子就被小坡带去见了刘洪。

人小鬼大的小张明白大队长的担心，说：“我们在车站上溜来溜去，常和鬼子见面，鬼子从来不注意小孩的。谁家没小孩呢？鬼子不会把我们放在眼里的！大队长，让我们参加游击队吧！”

刘洪一想，年龄和外形确实是个很好的掩护！

接着问:“那么,昨天鬼子用刺刀对着你们时,你们怕不怕?”

“开始,敌人一亮刺刀,我们吓得心都要……”说到这儿,小张赶紧调转了话头,用坚决的口气说,“不怕!”他还特地找伙伴们呼应,“你们呢?”

“不怕!”

“行,那今天先休息。明天来试试你们的胆量!”

第二天,刘洪带着三个孩子走到庄头一片小高地上。五六里外的蓝山庄,矗立着一座碉堡。测试的内容是:潜入蓝山庄的伪军据点侦察敌情,为铁道游击队端掉这个据点做准备。

这天,小张、小银、小朱夹着包袱,谎称去姑姑家,分头从北围子门和东围子门进入蓝山庄。

三人发现驻有伪军的房子周围全是岗哨,一靠近就会被呵斥、撵走。怎么办呢?小张东张西望地想主意。突然,他发现伪军的伙房就在路边,这里没有岗哨。三人就连蹦带跳地朝伙房走去。

院子里,一个胖胖的伪军伙夫正在两口大锅边烧火，另一个瘦伙夫在大木板上切菜，时不时去照应一下锅子。两人都在发牢骚："这么多人吃饭，活怎么干得过来啊！""大热天蹲在灶门口，这真不是人干的！"

小张显得很懂事的样子，向胖伙夫走去："大伯，我来帮你烧火吧！"胖伙夫正忙得满头大汗，见有个小孩过来帮忙，乐得摇着蒲扇凉快凉快。

小张、小朱和小银还好心地要求替伯伯们给伪军送菜。

伪军一圈圈地围在场地上吃饭，枪支就在旁边。

小朱忽然看到远处屋门里面有一堆黑压压的东西。嗯,准是武器!走到屋门口,他们一边蹲下收拾吃完饭的空盆子,一边歪头留意着武器的长相和数量。

三人机智地瞒过了伪军岗哨,回到了刘洪大队长身边。

刘洪根据三个孩子带来的情报,经过一夜的激战,把蓝山庄的伪军据点一锅端了。

战斗一结束,孩子们就围住了刘洪:“我们通过测试了吧?”刘洪严肃地说:“从今天起,你们就是铁道游击队的小队员了。”刘洪又说:“有很多打鬼子的事情啊,是不拿枪的。它们的作用可能比拿枪的还要大呢。明白吗?”孩子们都点头:“明白。”就这样,三个孩子正式加入了铁道游击队。

“哇!”同学们都惊叫起来,“原来他们就是小铁道游击队队员!他们可厉害了!”

这天,刘洪带了一批队员来到蓝山庄。刚进保长办公处,村头就响起了枪声。一名放哨的队员气喘吁吁地跑进来说:“鬼子来了!”

天黑后,小张看到鬼子队长岗村走进了一个胖地主的家。不久后，喝得烂醉的岗村被胖地主送出家门。临分手时，岗村对胖地主说："有我的，你不要怕！你把自卫团组织好，我供你武器和弹药。枪一响，我马上来支援！"

"好！就这样。"胖地主说。

于是，胖地主在日军的支持下当了保长。

铁道游击队在蓝山庄行动起来。没过多久，日军的电线遭到破坏，岗村派出的两名亲信特务也死在了村头。岗村开始怀疑胖地主了，劈头就问："你怎么杀我的人？"

原来刘洪给胖地主写了一封信，信的大意是：铁道游击队已经了解到他的险恶处境，如果他马上回头，游击队打算既往不咎，支持他继续当保长。

胖地主看到信以后，感动得手都抖了。在一个夜晚，他秘密地跑到附近的一个小村子见了刘洪。一见面，就扑倒在地上，哭嚎哀求："大队长，政委！我过去有眼无珠，不识好歹，走错了路……"

看到胖地主这副模样，同学们不禁偷笑了起来："这胖地主，早知今日，何必当初呢？还好刘队长给你一个改正的机会吧!”

胖地主回去后,表面上依然严守村庄,一点儿也不松懈。有几次,胖地主还装模作样地亲自指挥自卫团往远方射击,号称游击队来了。鬼子来增援时,他又用报功的语气对岗村说:“我已经把他们打退了。”岗村对胖地主的忠于职守表示高兴,认为这里已经是“皇军”最巩固的“政权”了。

这天,蓝山庄来了个客人。他一进庄,紧随其后的小朱就悄悄地通知了小张:“岗村派来的特务,也是鬼子最贴身的亲随。”小张连忙汇报给飞虎队的王强。

王强沉思了一阵,向来报信的小张交代了几句,便往伪保长的办公处走去。

一进门,就见胖地主正拎着酒壶为特务敬酒。他一见王强就站起来表示欢迎,特务却紧张地摸着桌上的枪。王强笑呵呵地说:“别客气,都是自己人!我从沙沟站来的,在黑木特务队长手下做事。”特务一听,放下心来,忙请王强坐下来一道喝酒。

席间王强还跟特务套近乎,说曾在岗村司令旁边见过他。酒桌上觥筹交错好不热闹，只有胖地主心里猫抓一样难受。

喝过酒，王强和特务到街上去兜风了。

“你这次出差，很辛苦，遇机会得弄点‘油水’啊！”

特务说：“我初来乍到，劳烦老兄帮忙啊。”此刻，正遇上事先约好等在街南的小张。“小子，你怎么会在这里啊？”“我来走亲戚啊。”王强转过头对特务说：“这小家伙是沙沟站的，很机灵，为我办了不少事。”“这小孩不错，以后我有事也找他帮忙。”特务接着问小张，“可以吗？”“可以。”

王强指着西边的小庄子，对小张说：“你知道那个庄后街姓李的地主吗？”

小张说：“知道，我常到那边去。”

王强附耳对特务说：“叫他领你去吧。我办完事在这儿等你。”特务点点头。

于是小张领着特务离开蓝山庄，走进了西边的小庄子。

不知怎么的，特务的心里有点发慌。他直问小张:“你见过飞虎队吗?”

“见过。”

“飞虎队的头目刘洪、王强、李正,你都见过?”

小张点点头说:“当然见过!”

“刘洪是个什么样子?”

小张走上前,指着身边的“客人”说:“这是临城岗村队长手下的大特务。”然后他转过身来,向特务介绍说:“这就是你要找的飞虎队刘洪大队长。”

特务一愣,慌忙想掏枪,只听得刘洪大吼一声:“不许动!”只见身边早站了几个飞虎队员。他们都举着匣子枪,黑洞洞的枪口对着他的脑袋。他只得束手就擒。

不久后,岗村接到报告,说他最亲信的特务的尸体,出现在某个小村庄的湖边。既然不是在蓝山庄出的事,他也就没法怪罪胖地主了。

胖地主能帮助游击队员,大家也就接受他了。不过,说到角色,同学们都抢着要当小铁道游击队队员,三个角色一下子就分完了,至于胖地主,谁都摇

头，表示不愿意演。

“只有一半的演员，这可怎么演？”申申和贝贝都觉得有点麻烦，尽管知道这个道理，可如果要他们自己去演胖地主，那也是一百个不乐意。

魔力探险校车好像听得懂大家的话，既然还没有决定，那就去下一站瞧瞧吧。

通关答题

1. 大队长用什么任务测试三个孩子？

2. 谁给胖地主写了信？信上说了些什么？

时光机：

1. 游击战

游击战是非正规作战，以袭击为主要手段，具有高度的流动性、灵活性、主动性、进攻性和速决性，并能广泛动员群众投入战争。游击战的精髓是敌进我退，敌退我进，敌疲我打，敌逃我追。在中国共产党领导的革命战争中，游击战具有十分重要的地位。长期的革命战争，使中国人民创造了许多独具特色的游击战战法，如破袭战、地雷战、麻雀战、伏击战、地道战、围困战等。这些灵活机动的战法，显示了中国革命游击战争的丰富多彩。

2. 铁道游击队

这是抗日战争时期活跃在现山东枣庄一带的一

支抗日武装。该游击队成立于1940年1月25日，受八路军苏鲁支队命令成立，成立时称“鲁南军区铁道大队”，人员最多时达300余人。该队以临城为中心，依靠群众，开展游击战术，与日本侵略者展开浴血奋战，奏响了民族救亡的最强音。于1945年解散并入华东野战军。

❼ 铜项圈侦察兵智夺防卫图

原著:龙彼德

“救火啦,观保家着火啦,快来人啊!”呼喊声瞬间划破了湖南沅江沿岸柳树湾村的宁静。乡亲们提着水桶,拿着木盆,叫喊着朝着火的柳家跑去。

“着火了! 快停车!”看到这一幕的申申突然叫了起来,校车一个刹车,慌慌张张地停了下来。

校车停靠点:湖南沅江沿岸

冲天大火映红了整片夜空，滚滚浓烟笼罩着，人群向着柳家大门口涌动。不料，当乡亲们冲到柳家门口时，一伙匪气十足的人竟端着明晃晃的刺刀，把大家都挡在外面。

就在这迫在眉睫的时刻，村外河滩上响起了冲锋号声，一队头戴五角星帽、身穿黄色军装的战士冲进了村子。

领头的麻脸土匪扭头一看，顿时大惊失色，喊："共军来了，快撤！"麻脸和手下纷纷夺路而逃。戴五角星帽的大个子说："快，同志们，你们几个跟着我进去救人，剩下的人快去找东西灭火！"

"大婶，我叫向添垒，我们是中国人民解放军，是咱老百姓自己的军队。"

"十几年前，我丈夫和大儿子在替裴大镖装运军火的船拉纤的时候丢了命，他们见我们孤儿寡母的，就经常来欺负我们。今天为了抢观保的那只大红公鸡，就放火烧屋。"观保娘用枯瘦的手紧紧地抓住观保的胳膊，观保脖上那只祈福的铜项圈在他瘦小的身体上，特别显眼。

“大婶，您放心吧，我们今天就是来解放柳树湾、让咱老百姓再也不受欺负的。”

第二天，带头救人的高个子又来了。

“大婶，这段时间我和高飞就住在您家里，保护您和观保。”

观保别提有多高兴了，好奇地问东问西。

观保羡慕地看着高飞那枪，凑上去说：“高飞哥，你的枪能给我吗？”

高飞一听，乐了，说：“给你？你又不是战士。再说，我这支枪是在过长江时，从一个国民党班长手上缴来的，你也想要枪，就自己去缴一支吧！”

观保听了这话，愣了一下，就跑了出去。

而高飞仍在专心地擦着自己的枪，等他再想跟观保说话时，才发现观保早已不在院子里了。接下来的一个上午，观保都没出现。这下高飞有点儿着急了，赶紧跟向队长汇报情况。

大家开始焦急地寻找柳观保。

“观保去哪儿了呢？”贝贝急切地问。

“别急，咱这可是魔力探险校车，它一定能带我们找到观保。”申申安慰贝贝道。

说罢，魔力探险校车呼一声飞起，来到兰溪镇上。

此时，观保正猫在兰溪镇大烟馆，这里是土匪最愿意去的地方。

突然，只见观保从窗户跳了出来，身上还背着一支枪往前跑。紧接着，两个土匪大叫着从窗户里爬出来，紧追不舍，声嘶力竭：“快抓住那个戴铜项圈的野孩子，小贼头！”

观保一路往前跑，碰到了开碾坊的乡亲王小佬

和他娘王婆，这娘俩一看柳观保被土匪追，赶紧对他说：“快上后山，进竹林，从虎口岩抄小路……”

观保一跑进去，这娘俩并排站着把往后山的路一堵，唰唰唰地簸起谷子来。土匪们被路中间的娘俩挡住了，麻脸队长啪地甩了王小佬一巴掌，把他打倒在地，后面的几个匪兵也撞倒了王婆，朝后山追去。

观保一头钻进丛山密林。土匪们还在搜山的时候，观保早已抄小路回到了柳树湾，当然，还带着他的战利品——一支乌黑油亮的枪。

“观保哥回来啦！”第一个发现观保的是眼尖的辣妹子。几个小伙伴呼啦一下便围了过来。

向队长和高飞见到这支枪，都吃了一惊。向队长忙问：“这枪是哪里来的？”“兰溪镇，臧纯兴烟馆里缴来的。”观保一脸得意，把事情的来龙去脉讲了一遍。

向队长听完了他的“英雄事迹”之后，眉头紧锁了起来，问观保：“如果没有王小佬娘俩帮你拖延时间，如果土匪后来追上了你……怎么办？”

观保一拍胸口，豪气万丈地说："那我就跟他们拼了！"

向队长听了之后，给大家讲了一个故事：

11 年前，东北抗日联军的一支队伍解救了一个 15 岁的孩子，这个孩子参军之后一直寻找机会，想替父亲报仇。终于有一天，他外出执行侦察任务的时候路过了那个恶霸的家，这个少年只身闯入虎穴，替自己的父亲报了仇。没想到的是，他也因此暴露了自己以及部队的行踪，日本鬼子顺着他在雪地里留下的足迹找到了抗联的驻地。那场战斗极为惨烈，因为敌人用了十倍于抗联的兵力进行围攻，最后，抗联的战士死伤惨重，只有 8 个人突出了重围……

"向队长说的是谁呀？他怎么越说越激动？"申申问道。

"我猜，他说的是自己的亲身经历，他就是故事里那个 15 岁的孩子。"贝贝猜测道，"你看，说到战士们死伤惨重，他的眼眶都红了。"

观保经过了这一次夺枪事件，一夕之间成熟了不少。很快，观保就接到了一项正式的任务，组建柳树湾的“儿童团”。观保顺理成章地当上了柳树湾儿童团的团长。

“还有谁要加入儿童团？”

“我！”“我！”“我！”丫头婆、辣妹子、机灵的九斤都把小手高高地举起，连平日里胆子最小的冬生也勇敢地举起了手。

这天，冬生和辣妹子气喘吁吁地跑来：“观保哥，听说国民党派人给裴大镖送来了一张《白浪滩布防图》，说是要裴大镖帮忙修改。”

“如果能拿到这张图，肯定能帮上向队长的大忙！”观保斩钉截铁地说道，随后给大家分配好任务，决定把这张图夺来。

入夜，冬生和辣妹子去码头边借了一条船，准备等会儿返回的时候用，九斤在外面望风，丫头婆潜入裴大镖的花园。

“哈哈哈哈……”一阵嚣张的笑声从灯火通明的大厅里传了出来，原来，裴大镖正在宴请那个送防卫图过来的曾副队长……

“图拿到了吗？”观保刚一跑到花园，就遇上了丫头婆。

“拿到了！”观保高兴地答道，“走！”

原来，聪明的观保使了一招“调虎离山计”，他让丫头婆去仓库放火，分散土匪们的注意力，然后趁乱把图夺走。

丫头婆跟着观保翻过裴大镖家的院墙，和守在外面的九斤会合，三个人打算去找冬生和辣妹子他们，然后一起回去。

没想到，丫头婆被一块大石头绊了一下，摔了个跟头，被守后门的卫兵发现了动静。“快跑！”三个人撒开腿拼命跑起来，此时，背后已经响起了乒乒乓乓的枪声，裴大镖的人追来了。

“不要怕！往码头跑，去找冬生和辣妹子！”观保冲着身后的两个小伙伴喊道。

很快，三个人就跑到了码头，此时，冬生和辣妹子已经摆好船，等了好一会儿了。咚！咚！咚！三个身影矫健地跳上了船，小船在夜色的掩护下，悄声驶了出去。

很快，裴大镖的手下，划着两条大船，呼呼喝喝地追赶了过来，乒乒乓乓的枪声不绝于耳。小船在前面逃，大船在后面追，眼看距离越来越近了。

这时，观保朝两岸看了看，大喊：“冬生、辣妹子，还有丫头婆和九斤，你们分两批下水，游回村子里去，快，听我的命令。”

“不，我不下水，要逃一起逃，要死一起死！”辣妹子倔强地回答。

“对，我们不下水！”

“都死了，谁去给向队长送信？跳！”观保大怒。

枪声又密集地响起，他回头一看，土匪的船越来越近了，他加劲划动小船。观保划着小船在一个九十度的弯道中一闪而过，等土匪们驾船转过这个大弯的时候，发现小船撞到了岸边，粉身碎骨，观保也已经不见了。

“好吧！虽然图没找回来，但是共军的小探子都被消灭了，回去禀告裴师长！”

“呼——”一阵口哨声在岸边的灌木丛中响起。可观保吹了几次，也没有人回应。难道大家都没有游到岸边来吗？

原来，观保刚才趁着船转弯的机会，也弃船跳水了，一下子游了二三十米远，然后钻进岸边的灌木丛中，躲了起来。

直等到敌人的船离去，观保才探出身子。他沿着河岸，在灌木丛中仔细地寻找着，一路向着辰州县城走去。天渐渐放亮，他一路默念："要快点，再快点！"

辰州县城距离柳树湾有五六个钟头的路程，若在平时，观保走这样长的一段路也不在话下，但由于昨天晚上一夜没睡，又经历了死里逃生，他此刻是又累又紧张，所以走得很慢。

观保一路跌跌撞撞，整个身体摇晃起来，好像随时有可能跌倒。

就在这时，对面走来一个人，观保一头撞到了他的身上——

观保抬头一看，扯开嗓子大喊："救命——救命——"

麻脸队长气急败坏地捂住观保的嘴巴，压低声音:“哟,哪里来的洋玩意儿,给老子瞧瞧!”

观保见麻脸要动手抢皮包,张开大嘴,朝着麻脸的左臂就咬了下去。麻脸一疼,就松开了观保。观保使劲儿一挣,护住皮包,迅速跑上了北山。

“别跑,再跑老子就开枪啦!”麻脸大叫着追了上去。

北山上荆棘遍布,茅草丛生,观保专找树林草丛这样的地方钻,害得麻脸的衣服裤子全都被刮破了,身上伤痕累累。

观保一个没当心,脚下被藤条绊了一下,趴在了地上。麻脸借机扑了上来,他掏出一把匕首向观保刺去。

向队长和他的侦察兵,早就发现了麻脸队长的行踪,一路追到这里,刚巧解救了观保。

观保迷迷糊糊地听见向队长的声音,虚弱地说:“向队长,快,那边有个棕色的皮包,里面有《白浪滩布防图》,我是来给你们送情报的……丫头婆……”

“你做得非常好,柳观保同志,你的小伙伴们都安全回来了,你们的情报非常有价值,我们马上就要

打回去了!”向队长也有些激动。“好……”观保激动得说不出话来,眼泪直打转。

观保他们终于转危为安,同学们也总算松了一口气。大家觉得,要演观保,除了要有小英雄的一身正气,还得有一身好本领。这下不用争了,班里的游泳冠军申申被一致推选了出来。贝贝也觉得申申演观保挺合适,还答应回去后帮申申做个铜项圈道具呢。

通关答题

1. 向队长为什么要给柳观保他们讲故事?

2. 裴大镖家里有什么重要的东西?

时光机:

解放战争

亦称第三次国内革命战争,是1945年8月至1949年9月中国人民解放军在中国共产党的领导和广大人民群众的支援下,为推翻国民党统治、解放全中国而进行的战争。这是一场事关中国前途命运的决战。众所周知的辽沈、淮海、平津三大战役就是发生在解放战争期间,董存瑞、刘胡兰等一大批英雄人物也涌现于此期间。全国解放战争的胜利,是中国共产党领导的人民革命力量长期斗争的结果。中国共产党完成了所肩负的争取民族独立和人民解放的历史使命,为中华人民共和国的建立奠定了雄厚的政治、经济基础。

❽ 地震中的小英雄

校车行驶在四川盆地上，初夏的阳光让车里的同学们感到懒洋洋的，昏昏欲睡。突然，一阵天旋地转，眼前所有的物体都呈现出几何形倾倒状。“不好了！快跑……”

校车停靠点：四川盆地

彭州市磁峰中学这时刚刚上完下午第一节课,物理老师陈冬一声嘶吼:“地震了,快跑!”同学们纷纷跑出教学楼。雷楚年是班上的体育健将,凭借着平日练就的敏捷身手,他飞奔而下,第一批从教学楼里冲了出来。

时间这样定格在了 2008 年 5 月 12 日 14 点 28 分。

操场上已经站了很多同学和老师。雷楚年在人群中没有发现陈老师和他们班同学。当雷楚年转身回望刚刚逃出的教室时,正看见陈老师在往楼上冲:“糟了!都困在楼上了?不行,我得上去救他们!”在恐惧和慌乱之中,雷楚年急匆匆地折身冲回了二楼。

申申和同学们乘坐的校车飘到倾斜的楼边,发现教室里竟然还有 7 名同学蹲在墙角,这时的教室晃动得像惊涛骇浪中的小船一般,墙上的裂缝也越来越触目惊心。

“快跑啊,楼要倒了!”大家惊叫。雷楚年发现了同学们,他吼道:“别怕,听我指挥,向那边楼

梯跑。”

几个同学终于冲到教学楼门口，“1、2、3、4、5、6……”他心里默默地数着，“还有一个呢?”此刻，轰的一声倒塌声，“好朋友欧静还没出来!”

尖叫声，嘶吼声，混杂着山崩地裂的轰鸣声，都没能阻拦他第二次折回教室。欧静同学正不知所措地蹲在教室门口瑟瑟发抖。雷楚年用力拉了她一把，可她还是一动不动。情急之中，雷楚年抱起欧静就跑。15 岁的雷楚年，并没有太大的力气，加上地动山摇的恐慌，他抱着欧静跑得很吃力，走廊也变得十分漫长，好在欧静终于清醒过来，下来自己跑。

刚跑出几步，一块预制板将楼梯斩断，垮塌在了欧静和雷楚年之间。欧静顺利冲下楼，雷楚年的逃生之路却被阻断。“别管我了，快去操场！”在不断砸落的预制板水泥块的“雨林”中，雷楚年第三次返回二楼，因为他想起了熟悉的走廊外一米远的那棵梧桐树。他飞奔过去，拼劲所有的气力，攀上摇晃的走廊栏杆，赶到窗边纵身一跃，双手抓住了一根枝丫，顺势抱住树干，往下一滑就到了操场。就在他脚刚落地的那一刹那，教学楼在他身后轰然垮塌，扬起漫天尘土。

校车又带着大家来到映秀镇漩口中学。

“马健，陪陪我……不要走……等我死了再走……”一位女同学边哭边说。“我不走，你也不会死的。这点困难难不倒你！”原来，女同学被卡在砖石中，动弹不得。

“坚持住！一定会有人来救你的！”贝贝对女同

学喊道。

被压的女同学叫向孝廉，马健一边鼓励，一边用手刨着向孝廉身边的水泥块和砖石堆。碎石屑混合汗水倾泻而下，余震不断地侵袭而来。

向孝廉迷迷糊糊地昏睡了过去，耳边马健的声音还在不停地响着："坚持！坚持住！"向孝廉身体上压着的石头，在一块块被搬开，可她的腿还是被卡得动弹不得。"现在只能使劲把你的腿扯出来了，行吗？""行，你只管扯！""来，孝廉，我喊一二三，我们一起使劲！啊，行啦！"马健用血肉模糊的双手终于把伙伴给刨了出来，此时距离马健找到向孝廉已过去整整4个小时了。马健背起向孝廉转身就走，刚走出不远，他们身后的那面墙就垮塌了，烟尘滚滚。

马健背着向孝廉在天崩地裂的山路上又走了几个小时，才把女孩交给了老师。

校车摇摇晃晃地又飘到了北川中学。

北川中学的三层教学楼此时已在天崩地裂的摇动中垮塌为乱石堆。躲在课桌底下的刘雪怡和她的几个同学，在那个狭小的空间里幸运地度过了强震中最危险的时刻。震动渐渐平缓了下来，虽然余震还会不时来袭，但足够让漆黑一片中的刘雪怡他们得到片刻的平静。

“要加油啊！”申申对同学们大声喊道，“千万不要放弃！”

房屋倒塌的粉尘让人透不过气来。石板缝里传来女生的哭泣声。“大家一定要挺住啊，我们很快会得救的！”“雪怡，救救我！”“别哭，我一定会救你的！我们一定能出去，我们还要考大学，我们的路还长着呢……”

“团结就是力量，团结就是力量……”为了互相鼓劲，几个女生在废墟中唱起了歌。“大家要保存体力，我们不知道要在这里待多久。”

“那我们来打土电话吧。喂喂，你在吗？”“在啊在啊……”同学们在漆黑寂静的瓦石堆里互相慰藉。

“等出去后，到我们陈家坝去玩，我们班刚修了

一个很漂亮的猪圈。”“行啊，那也要到我们擂鼓镇来玩。”

突然有一束光射进黑压压的废墟里。救援人员打通了一条通往地面的生命之路。刘雪怡和同学们依次爬了出去。外面的景象让他们惊呆了，往日的操场已张开深不见底的裂痕，三层教学楼已经砸向地壳深处，还有无数的同学被困在碎石板中动弹不得，呼救声此起彼伏。

刘雪怡蹲在一个熟识的男孩身边：“你篮球打得那么好，一定要快快好起来，我们还能在场边继续为你加油！”一转身，连忙把仅有的水送向一个被压的同学嘴边，可是这位小同学再也没能张开紧闭的双唇。那一刻，刘雪怡感受了生离死别，体味了不离不弃。

最后，校车来到了一处正在努力打开生命通道的救援处，这一处救援难度特别大，救援人员特别着急，正在紧张地忙碌着。同学们都暗自为救援人员鼓劲，没想到，深埋地下的小男孩说了一句话，把申申和贝贝都逗乐了。

他的名字叫薛枭，看到救援人员着急的样子，深埋地下的薛枭安慰救援人员："叔叔，别着急，等我出来你们要请我喝可乐。"当薛枭终于被救援人员从生命通道里抬出的时候，他说："叔叔，我要喝可乐，要冰冻的！"全场的紧张和焦虑都被这一句话给消解了。

这句话成了笼罩整个四川乃至中国上空的阴霾中透射出的一束光亮，让人们在灾难之中找到了坚强的理由，"逗乐了悲伤的中国"。

通关答题

1. 刘雪怡和同学们用什么办法相互鼓励?

2. 薛枭说了一句什么话,让救援人员一乐?

时光机:

1. 地震时的自救

一、大地震时不要急。破坏性地震从人人感觉得到至建筑物被破坏平均只有12秒钟,在这短短的时间内应根据所处环境迅速做出保障安全的抉择。如果住的是平房,那么你可以迅速跑到门外。如果住的是楼房,千万不要跳楼,应立即切断电闸,关掉煤气,暂避到洗手间等跨度小的地方,震后迅速撤离,以防强余震。二、人多先找藏身处。学校、商店、影剧院等人群聚集的场所如遇到地震,最忌慌乱,应立即躲在安全区域,待地震过后再有序地撤离。三、远离危险区。如在街道上遇到地震,应用手护住头部,迅速远离楼房,到街心一带。如在郊外遇到地震，要注意远离山崖、陡坡、河岸及高压线等。正在行驶的汽车和火车要立即停车。四、被埋要保存体力。如果震后不幸被废墟埋压，要尽量保持冷静，设法自救。无法脱险时，要保存体力，尽力寻找水和食物，创造生存条件，耐心等待救援。

2. 5·12汶川地震

发生于北京时间2008年5月12日（星期一）14时28分04秒，是中华人民共和国自成立以来影响最大的一次地震，直接严重受灾地区达10万平方公里。这次地震也是继唐山大地震后伤亡最严重的一次地震，共遇难69227人，受伤374643人，失踪17923人。经国务院批准，自2009年起，每年5月12日为全国“防灾减灾日”。

尾 声

“那一年，我们的同龄人”主题班会的现场，强强高举着一面鲨鱼旗帜上场，那是他按照飞虎队战机的样式一笔一画绘制出来的，那凶猛的鲨鱼震慑着日军的敌机，他像那位小英雄一样，在火光冲天的山坳里机智地救出了飞虎队的将领，学会了外语，送上了爱心礼物，还一步步变成了一名飞翔在祖国蓝天上的飞行员，那是他的梦想。头顶钢盔、眼戴墨镜、身披战衣的强强酷极了……

在一片残墙断瓦的废墟里，一个小小的身影正在与时间赛跑，扮演地震小英雄的诚诚用小手扒开压在同学身上的石板，在颓墙倒下之前身手敏捷地背起一位同学奔跑在校园里；贝贝戴着一顶洗得发白的军帽，那颗五星依然闪闪发亮，她像一只小皮球一样，快乐地奔跑在队伍的前前后后，当她把仅有的一袋粮食留给了班长后，满脸幸福地甩开大步走向远方；申申戴着贝贝制作的“铜项圈”，背着装有地图的皮包，在茅草丛中艰难前行……

那一个个温暖的笑脸、一首首感人的童谣，闪回在多年后的申申和他的同学们的身上。每个扮演小英雄的孩子都被那些英雄的事迹鼓舞着，他们的脸庞上有坚毅，他们的眼神里有勇敢，他们齐刷刷地喊出了自己的声音：“我也要做小英雄！”

是的，未来的小英雄，就在你们中间！

图书在版编目(CIP)数据

感动中国的小英雄/赵菲著. —上海:中国中福会出版社,2017.12

(爱我中华红色探险之旅)

ISBN 978-7-5072-2513-6

Ⅰ.①感… Ⅱ.①赵… Ⅲ.①爱国主义教育—中国—青少年读物 Ⅳ.①D647-49

中国版本图书馆CIP数据核字(2017)第210714号

爱我中华红色探险之旅

感动中国的小英雄

赵 菲 著

陆 旻 绘

出 版 人 余 岚
责任编辑 梁 莹
美术编辑 钦吟之
装帧设计 钦吟之
出版发行 中国中福会出版社
社　　址 上海市常熟路157号
邮政编码 200031
销售热线 15255555521

经　　销 全国新华书店
印　　制 合肥伟瀚印务有限公司
开　　本 889mm×1194mm 1/32
字　　数 45千字
印　　张 3.625
版　　次 2020年第1版
印　　次 2021年8月第2次印刷
书　　号 ISBN 978-7-5072-2513-6/D·11
定　　价 16.80元

由于各种原因,我们无法联系到部分文章的著作权人,为此感到非常抱歉。
希望相关著作权人见到本书后与中国中福会出版社联系办理稿酬事宜。